산골
풍경

15

이명우 열여섯 번째 시집

산골풍경 15

초판인쇄 2022년 8월 30일
초판발행 2022년 9월 12일

지은이_ 이명우
발행인_ 이현자
발행처_ 도서출판 현자

등 록_ 제 2-1884호 (1994.12.26)
주 소_ (우)04550 서울시 중구 수표로 50-1(을지로3가, 4층)
전 화_ (02) 2278-4239
팩 스_ (02) 2278-4286
E-mail_001hyunja@hanmail.net

값 11,000원

ISBN 978-89-94820-81-1 03810

산골 풍경 15

이명우 열여섯 번째 시집

도서출판 **현자**

자서自序

바둑돌을 톡 튕기면
포르르 날아가
자기 또래의 돌과 부딪혀
팽그르르 돌면서
아이 어지러워요 하는 소리

그리움을 톡 튕기면
포르르 날아가
자기 또래의 사연과 부딪혀
야단 법석을 떨다가
하늘 높이 까맣게 흔적을 숨긴다
지구를 톡 튕기면
포르르 날아가
달과 부딪혀 보고 싶었어 나도 나도
그러면서 제자리로 가자며 이별을 한다

여기가
옷을 벗은
내 시의 알몸이다

차례

차례

산골 풍경

15

산골풍경 1,101

꽃잎을 뜯어서
글자를 접습니다

접은 글자로 펴즐을 맞추어 쓴
절절한 꽃잎 편지
우체국에 뛰어가
등기우편 보내 놓고
설레는 가슴 안고
꿈에 젖어 있는데

수신자가 없습니다
반송되어 온 편지

산골풍경 1,102

황혼에 만난 우리

달을 보며 손 모을까
별을 보며 눈 감을까

시간 없어
저 하늘 꽃밭에
나비로 날아올라
마주 보며 춤을 추자

밥도 먹지 말고
잠도 자지 말고

산골풍경 1,103

고요한 이 가슴에
사연들이 밀려와
파도로 철썩인다

고요한 이 하늘에
그리움이 부서져
무지개로 핀다

고요한 내 인생에
세월이 날아와
겨울 바람으로 불고 있다

산골풍경 1,104

텁수염이 간지러워서
거울을 들고 보니
세월이란 놈이
내 텁수염으로
그네를 매어 놓고
텁수염 그네를 타고 놀고 있다

허허 참
세월 이놈아
나를 이렇게 만들어 놓고
너는 그리도 좋으냐

산골풍경 1,105

어둠이 차곡차곡 쌓이는 밤

어느 하늘까지 날아갔다가
부딪혀 돌아오는 것일까

메아리로 돌아오는 그대 목소리가
방문을 열고 들어와
녹음을 틀어 놓고
참새떼로 둔갑을 해
천정으로 날아다니며
호들갑을 털고 있다

산골풍경 1,106

이 산골에서 흘러오는
운명의 강과
저 산골에서 흘러오는
인생의 강이
서로 만나 부딪혀 일어나는 파도
파고 끝에 부서지는 하얀 포말은
내 인생의 꽃밭에 핀
하얀 나비입니다

산골풍경 1,107

사람들은

돈이 있어서 행복합니다
출세를 해서 행복합니다
종교가 있어서 행복합니다
사랑이 있어서 행복합니다
그렇게 말을 하지만

나는
시가 있어서 행복합니다
시 속에는
돈도 있고
출세도 있고
종교도 있고
사랑도 있으니까요

산골풍경 1,108

물 한 방울 없는
바위 끝에 살고 있는 저 소나무
바람이 거세여서
허리는 굽었지만
태풍에도 날려가지 않았고
소나기에도 떠내려가지 않았고
폭염에도 말라죽지 않았고
된서리에도 얼어죽지 않았습니다

그러고도 춤추는 걸 보면

운명은 이렇게 메치고
시련은 저렇게 걷어찰 줄 아는
저 소나무의 지혜
어디 가서 배웠나요
하늘 학교에 가 배웠습니다

산골풍경 1,109

오늘 하루 당신은
돈을 찾아 헤매었나요
당신의 주인은 돈이었고
돈의 종은 당신이었습니다

오늘 하루 당신은
사랑을 찾아 헤매었나요
당신의 주인은 사랑이었고
사랑의 종은 당신이었습니다

오늘 하루 당신은
행운을 찾아 헤매었나요
당신의 주인은 행운이었고
행운의 종은 당신이었습니다

그대들이여
종으로 살지 말고 주인으로 사셔요
주인으로 살면 살수록
즐거워지지만
종으로 살면 살수록
괴로워집니다

산골풍경 1,110

마음이 익으면
사람들이 모두 꽃으로 보인다는데
나는 아직
얼마를 더 살아야 마음이 익을까요
국민을 두 쪽으로 갈라 놓은
정치인들의 모자람이 불쌍하게 보이고
무법천지의 패거리들이
쓰레기로 보이고
하늘의 명을 거역한 살인자들이
독버섯으로 보입니다

거리마다 골목마다
사람들로 넘치건만
내 눈에는 왜
꽃으로 보이는 사람이 없는고

그들도 다 품어 안고
먹여 살려주고 있는
하느님처럼요

산골풍경 1,111

오늘 하루를
어떻게 사셨나요
삶이 버거워
울고 있었나요
울고 있었다면
당신은 직무유기입니다

하늘은
신명나게 살라고
인간을 만들었기 때문입니다
아픔도 축복이기에
요만큼만 아픈 것도
다행입니다
하고 웃는 것이
신명입니다

산골풍경 1,112

한 생을 끝내고
뚝 떨어져
데굴데굴 굴러가면서도
깔깔거리는 저 솔방울

한 생애를 끝내고
뚝 떨어지면서도
나폴나폴 춤을 추는 저 가랑잎

다시 못 올 길을 가면서도
아름다운 노래를 부르며
떠나가고 있는 저 개울물

그런데 나만 왜
오만 상을 찡그리고
팔장만 끼고 한숨만 쉬고 있는고

산골풍경 1,113

톡톡
꽃망울 터지는 봄날
개울물에 전화기를 꽂고
두만강을 불러본다

여보세요

네 두만강입니다

그곳에도 꽃이 피는
봄 잔치가 시작됐나요

아니요
얼음 꽁꽁 겨울입니다

산골풍경 1,114

잊지 못할 그 입술
앵두 입술

내 가슴에 날아와선
그리움이 되고

밤하늘로 날아가선
별이 되고

이불 속에 들어와선
꿈이 된다

잊지 못할 그 입술
앵두 입술

산골풍경 1,115

산골의 밤하늘엔
별이 날아다니지만
서울의 밤하늘엔
무엇이 날아다니나요

산골의 길거리엔
향기들로 넘치는데
서울의 길거리엔
무엇들이 넘치나요

산골 아침 대문은
닭울음 소리가 열어주지만
서울 아침 대문은
무엇이 열어주나요

오늘은 왠지
서울이
궁금합니다

산골풍경 1,116

가는 길에
큼직큼직하게 떨어져 있는 소똥
그 속을 들춰 보니
그 속에 방을 만들어 놓고
걱정근심 없이 살고 있는 굼벵이 한 가족
나를 보며 항의한다
남의 집에 무단침입한 깡패라고
그래그래
맞다 맞아
처음으로 깡패 소리 들어본다
그것도 사람이 아닌
굼벵이에게 혼쭐이 난다
아무 말 못하고
다시 가만 소똥을 덮어준다
인간 깡패
다시 돌아봐도
그 말이 맞다

산골풍경 1,117

그대 손
꼬옥 잡고
그대 잠들 때까지
자장가 불러주고 싶은
이 밤

산골풍경 1,118

웃으며 살아라
그렇게 말하던 나
오늘은 왜 서러운고
꽃잎은 눈물을 매달고 있고
새들은 슬피운다

아니에요
우는 게 아니에요
아침 예찬 노래입니다
꽃들도 일제히
눈물이 아니에요
아침이슬로 단장한 구슬입니다

아참 이런 것이
생각이 생각을 잡아먹는 것이네
슬픈 생각이 즐거운 생각을
잡아먹었을 때와
즐거운 생각이 슬픈 생각을
잡아먹었을 때의
정반대의 세계가 나타나는 것을

산골풍경 1,119

내 마음의 산속
첩첩 산중에는
사연들이 흘러오는
개울이 있습니다

봉우리를 휘감아
떨어지는 개울 끝에는
사연들이 부서지는
폭포가 있습니다

폭포에서 피어나는
하얀 꽃은
우리 집 앞마당
꽃밭입니다

산골풍경 1,120

이 산골의
밤
하늘가에는
밤마다 피는 무지개 꽃이 있습니다

그 꽃에서 풍겨오는
천연색 향기가
소복소복 쏟아져
내 가슴에 쌓이는 밤

하늘 아래 오직 하나
이 산골의
밤 풍경입니다

산골풍경 1,121

먼지를 툭툭 털고
누렇게 바랜 일기장을
넘겨 봅니다
여기에는 아직
이런 사람이 살고 있네요
저 별을 따 주세요 하는 사람

이 속에는
왕관을 씌워주세요

저 속에는
목숨을 걸어주세요 하는 사람

일기장 덮으면
그 위에 놓여 있는
무지개 하나

산골풍경 1,122

이 산골 깊은 곳에는
검은 바위가 있습니다
바위 틈에서 솟아나오는
추억이라는 샘물
추억이 물이 되어 흘러나오는
샘물의 빛깔들
하얀 물
파란 물
빨간 물
노란 물

사연들이 녹아서
자기 색깔로 흐르는 물
이 산골 검은 바위틈에서만
흘러나오고 있습니다

산골풍경 1,123

아들아
너는 너는
기어가다가 넘어지고
또 넘어지고
일어서다가 넘어지고
또 넘어지고
걷다가 넘어지고
또 넘어지고

말을 배우다가 몰라
또 물어 보고
저게 무어냐 묻다가
또 물어 보고
글자를 몰라서
또 물어 보고

그렇게 그렇게를
삼천 번이나 했데이

그 어려움과 싸워서
삼천 번이나 승리했데이
너는 너는
어떤 어려움이 와도
삼천 번은 이길 수 있데이

산골풍경 1,124

저 먼 하늘
그 아래엔
나를 스친 인연의
사람도 살고 있을까

어쩌면
그 사람도
이 하늘을 바라보며
나와 같은 생각
하고 있을지도 몰라

생각이 생각을 물고
날아다니는 오후
산그늘이 어둠을 물고 와
풀어놓고 있다

산골풍경 1,125

따뜻하고 정겨운
어머니 품을 떠나
따뜻하고 정겨운
산에 와 살고 있습니다

어머니 목소리로
자장가를 불러주는 개울물

어머니 손길로
먹거리를 내어주는 산

나를 품어주던 어머니처럼
나를 품어주는 산

이제는
산이 어머니고
어머니가 산입니다

산골풍경 1,126

이겨야만 인생이고
빼앗아야만 승리인 줄
알던 때가 있었습니다

그 시절이 저만치
떠나간 이제는
지는 것도 승리인 걸 알았습니다

이 시절이 또 저만치
떠나간 내일에는
눈물도 꿈이요
웃음도 꽃이겠지요

산골풍경 1,127

오늘 밤은
이 산도 추운가 봐
달빛 이불 위에
별빛 이불
그 위에
서리 이불까지 덮고 자고 있네요
온 산천이 자고 있는 줄 알았는데
잘 자거라 산천아
밤새워 자장가를 불러주고 있는
저 개울물

산골풍경 1,128

나는 시인이란 명찰을 달고 다니면서도

나무들이 적어 놓은
일기장도 못 보고
꽃잎 찰랑 넘치는
사연도 모르고
구름에 적혀 있는
편지도 못 본다

그래도 시인이라 해야 하나
그래도 시인이고 싶어라

산골풍경 1,129

우리 집에는
꿀숟가락과
꽃젓가락이 있습니다

꿀숟가락에는
무엇이든 올려 놓으면
꿀이 되고

꽃젓가락은
무엇을 집어도
꽃이 됩니다

이렇듯
꿀밥에
꽃반찬이 우리 집 주식입니다

산골풍경 1,130

허허
이걸 우째
산할아버지가 탄식을 하신다
이 안경으로
국회의사당을 좀 들여다보게
날품팔이보다 월급이 얼마나 센가
비서도 보게
세상에나
하나둘도 아닌 일곱 위에 여덟 명
특혜를 보게
열 개 보다 더 스물 개 보다 더 서른 개가 넘네
망치 좀 보게
저들 위한 망치는 하느님도 못 뺏지
허허 이걸 우째
사람 학교만 졸업한 사람들
하늘 학교 졸업자는 한 사람도 없구먼

산골풍경 1,131

그대여
지금 하고 있는 일을
끌고 오며 하고 있는가
그러면 그대는 주인일세

그대여
지금 하고 있는 일에
끌려가면서 하고 있는가
그러면 그대는 종일세

나는 오늘 하루를
어떻게 살았는고
주인으로 살았나
종으로 살았나

산골풍경 1,132

이제 보니
머슴이란 말이
절절히 아름답다

하늘의 머슴은 천사
산골의 머슴은 신선
인간의 머슴은 대통령

그런데 왜
천사와 신선은
영원히 존경을 받는데
대통령은 왜
손가락질을 받는고

학력을 보면 알지
하늘학교에서 배운 것과
사람학교에서 배운 차이

산골풍경 1,133

시대가 흉흉해서 그런가
세상이 어지러워서 그런가

보이는 사람 사람마다
웃고는 있지만
가슴은 까맣게 타고 있나 보다

가슴 가슴마다
연기가 모락모락
피어오르고 있네

산골풍경 1,134

오늘도
저 태양의 품에 안겨
소풍을 가고 있습니다

아
이제 봅니다
내 몸 속에서 일하는
수많은 머슴들

심장이라는 머슴
허파라는 머슴
간이라는 머슴
창자라는 머슴
뼈라는 머슴
살이라는 머슴
머슴 머슴 머슴 머슴들

이 기막힌
눈물겨움이여

산골풍경 1,135

아름다워라
아름다워라

이 산골 머슴들이
절절히 아름다워라

부정이 없고
직무유기가 없고
결근이 없는

태양 머슴
구름 머슴
계절 머슴
바람 머슴 들이 있어
이 세상을 이리도 아름답게 가꾸는데

나는
내가 잘나서 세상이 아름다운 줄
알고 있네요
나는 아직
세 살 철부지나 되려나 몰라

산골풍경 1,136

마음의 산속에는
생각이란 보석이
무진장으로 묻혀 있습니다

그 생각
어느 모서리 하나만 캐내어도
나는 인간다울 텐데
아직
작은 생각 하나 캐내지 못해
요 모양입니다

문학이란 생각을 캐내겠노라고
연필을 놓아 본 적 없는 오십 년 넘는 세월에
열여덟 번 출판기념회에도
책 한 권 팔아 본 적 없고
서점에서 책 한 권 팔렸다는 기별이 없는
못난이

아내가 내미는 신문 한 장
어느 정치인의 인산인해 출판기념회
즉석에서 완판 책이 절품이란다
아내가 말을 잇는다
천재와 둔재는 이런 차이라고

산골풍경 1,137

산새도 울지 않고
바람도 불지 않는
고요 속을 걷는다

기다리고 있었어요 인사하는
분홍 그리움
앞에 와 인사한다

여기를 보셔요
그날 그 자리입니다
이럴 때도 있었지요
저럴 때도 있었고요

분홍 그리움과 소풍길
오늘 해도 저문다

산골풍경 1,138

이 무슨 인연인고
고조선 소녀가
내 품에 와 안기우네

이 무슨 고백인고
지금까지 긴긴 세월
나를 찾아왔다 하네

이 무슨 난리인고
올라가고 또 올라가서
고조선으로 가 살자 하네

산골풍경 1,139

이 산골이 하늘보다 좋은가
이 산골로 귀촌해서 살고 있는 작은 별 하나

야생화 꽃 속으로
별 나비와 숨바꼭질도 하고
풀잎에 매달려 그네도 타고
바람과 손잡고 등산도 하고

오늘은 시냇가에 앉아서
냇물이 가르쳐주는
노래를 배우고 있네

산골풍경 1,140

눈서리 짱짱한
깊은 산골 음지에
숲 사이 구멍으로
잘못 들어온 햇빛 한 줌
눈서리 위에서
오들오들 떨고 있다

가여워라

이불을 덮어줄까
화롯불을 안겨줄까

다시 가만 보니
움직임도 없고
숨소리도 없다
세상에나 세상에나
햇빛이 얼어 죽었네

산골풍경 1,141

이런 것이 헌신이고
이런 것이 자비인가

썩은 살점이 뚝뚝 떨어지는
고사목을 가만 보니
삼각 가지 사이에는
풀 한 포기가 살고 있고
옹이 굴 속에는
새 한 가족이 살고 있다

죽어서도 남을 품어 안는
위대한 헌신이여
죽어서도 남을 키우고 있는
거룩한 자비여

그 따뜻한 마음이
흘러 흘러 와
내 가슴에 호수로 고인다

산골풍경 1,142

눈 감으니 보입니다
찔레꽃 하얗게 핀
그 언덕

눈 감으니 보입니다
풋풋한 단발머리
숨어 웃던 눈웃음

눈 감으니 보입니다
오밀조밀 뛰어놀던
구불구불 무라이길

산골풍경 1,143

그네 뛰던 누나야
달래 캐던 누나야

비둘기가 물고 오네
누나의 소식을

지팡이를 짚고
세월 강을 건너가고 있다 하네

돋보기를 들고
추억을 캐고 있다 하네

산골풍경 1,144

단추 구멍을 잘못 꿰면
바보 같이 보이지만

마음 단추를 잘못 꿰면
흉흉해 보인다

공자도 자기 잘못은 모른다는데
내가 우째 내 잘못을 알 수 있는고
바보로만 보였어도 좋으련만
흉흉해 보인 것은 아닌지 몰라

산골풍경 1,145

이 산속에서
연습 연습 또 연습
피를 토한 후에
득음을 한 저 가수의 노래
열 번 듣고 스무 번 들으니
이제 그만 소리가 나온다

그런데

열 번 백 번 천 번을 들어도
더 듣고 싶은 노래
개울물이 불러주는 저 노래
오늘도 나는
그 노래 속에 빠져서
지느러미를 흔들고 있다

산골풍경 1,146

흘러가는 구름을
가만 보고 있으면
누군가가 구름을 타고
오는 이가 있습니다

불고 가는 구름을
가만 보고 있으면
누군가가 바람을 타고
오는 이가 있습니다

스쳐가는 그리움을
가만 보고 있으면
누군가가 그리움을 타고
오는 이가 있습니다

이렇게 마음이
물드는 계절
이것이 남자의
가을입니다

산골풍경 1,147

혼자 춤을 추다가 보면
신명이 따라 붙습니다

신명과 어울리어
춤을 추다가 보면
천 개의 날개들이 모여듭니다

천 개의 날개로 추는 춤이
이 산골의 신명입니다

산골풍경 1,148

밥상 위에
과거라는 음식이 올라오거든
먹지 마세요
후회라는 비만에 걸리기 때문입니다

밥상 위에
미래라는 음식이 올라오거든
이 음식도 먹지 마세요
공상이라는 올가미에 걸리기 때문입니다

밥상 위에
현재라는 음식이 올라오거든
맛나게 드셔요
현재가 내 것이고 보상입니다

산골풍경 1,149

이 산골에 총각 하나
함박꽃 피는 날은
산골 총각 웃는 날입니다

앞집에서 피던 꽃
이 산골 소녀 꽃 한 송이
서울로 가고
이 산골 꽃이라곤
함박꽃뿐이거든요

오늘 핀 함박꽃 만지며
웃고 있는 산 총각
태양도 눈물겨운가
구름 뒤로 숨고
구름도 눈물겨운가
눈물 뚝뚝 흘린다

산골풍경 1,150

퇴비 썩는 냄새는
풍년을 몰고 오지만

정치 썩는 냄새는
절망을 몰고 온다

그래도 정치를 하겠다고
떠나가는 저 총각

산골 살이 하기엔
아까운 저 총각

산골풍경 1,151

일억 짜리 반지를 끼고
일천만 원 짜리 가방을 든 저 여인
어쩐 일인고
가슴은 타고 있나 봐
저 여인 가슴 좀 보아
연기가 모락모락 피어오르고 있어
얼굴 속에는
근심들이 뛰어놀고 있잖아

일억 짜리 반지가 아니라
일억 짜리 마음을 끼고 있어야 하는데
일천만 원 짜리 가방이 아니라
일천만 원 짜리 꿈을 들고 있어야 하는데

산골풍경 1,152

저 고사목 썩은 살 속에는
나무 한 그루가 살고 있고

저 천년 고찰 지붕에는
잡초 한 포기가 살고 있고

내 추억의 꽃밭에는
얼굴 한 송이가 피어 있다

산골풍경 1,153

이 산골 밤 하늘에
찾아온 저 달을
나 혼자 쳐다본다

이 산골 숨소리는
달이 혼자 듣고 있고
달나라 숨소리는
내가 혼자 듣고 있다

달나라 숨소리에
묻어오는 저 소리
달나라 기차 소리가 아슴히 들린다
저 기차 속에는 누가 타고 있을까

산골풍경 1,154

달나라
천 리 산맥 중간쯤인데

이곳에도 물레방아가
빙글빙글 돌고 있네

이 산골 원두막에서
바라보는 시의 망원경

산골풍경 1,155

언제나 정갈한
산골의 푸른 머리는
언제나 바람의 손길이
매만져 주기 때문입니다

언제나 깨끗한
산골의 얼굴은
언제나 밤안개가
씻어주기 때문입니다

언제나 산 이마가
멋져 보이는 건
언제나 구름모자를
쓰고 있기 때문입니다

산골풍경 1,156

가을이 떠나면서 내미는 손은
떠나야 할 가을이기에
아쉬우면서 차가웠다

그대가 떠나면서 내미는 손은
떠나지 말아야 할 사람이 떠나가기에
푸른 산천이 먼저 불이 붙어 타고 있다

산골풍경 1,157

아직은 젖냄새가 나는
초승달이
산골의 하늘길을
아장아장 혼자 걸어가고 있다

혼자 가는 길이
아직은 무서운가
개 짖는 소리에 깜짝 놀라
구름 뒤로 숨은 초승달

혼자 가는 길이
아직은 버거운가
엄마 엄마 부르며
울며 가는 초승달

산골풍경 1,158

이 산골에는 아직
민족의 혼이 살고 있습니다

저 과일나무를 쳐다보셔요
맨 꼭대기에 남겨 놓은
잘 익은 과일 세 개

하나는 하늘에 주고
하나는 땅에 주고
하나는 새에게 주고

감사할 줄 알고
고마워할 줄 알고
더불어 살 줄 아는
조상님들의 혼이
아직
이 산골에는 살고 있습니다

산골풍경 1,159

낙엽을 깔고
달빛을 덮고 누웠으니
별들이 하늘에서
자장가를 불러주고 있는 이 밤

이렇게
이 하늘 땅이
내 방 한 칸인 것을

산골풍경 1,160

나무하러 가는 나뭇꾼이
지게 작대기로 목발을 치며
부르는 노래

산중의 괴물은 머루 다래
인생의 괴물은 너와 나

치렁치렁 산을 울리던
그날의 나뭇꾼 노래가
오늘에야 하늘이 내린 가수로 보인다

산골풍경 1,161

두꺼운 책갈피 속에
깊이 숨겨 감추어 둔 비밀이 있습니다

어라
우쨴일인고

그 비밀이
저 하늘에 별이 되어
나를 내려다보고 있는 이 밤

산골풍경 1,162

세월아
너는 나와 같이
살아가는 동반자가 아니더냐

그런데
지금 이 시대

좋은 세월은
어느 곳에 쟁여 놓고
이렇게 흉흉한 세월만
내 앞에 펼쳐 놓는고

산골풍경 1,163

햇빛이
구름의 입술에 녹아
저녁 노을이 되어
붉게 흘러내린다

겨울이
바람의 입술에 녹아
봄바람이 되어
따뜻하게 분다

사랑이
그대의 입술에 녹아
쌍무지개가 되어
밤하늘에 떠 있다

산골풍경 1,164

누구를 기다리나
산 위에 혼자 서 있는
보송보송한 구름 아가씨

그러면
그렇지

바람 총각이
달려오더니
아가씨를 들쳐업고
산 너머 가네

산골풍경 1,165

부처의 나라에도
슬픔이 있는가
돌부처가 울고 있는 이 밤

아니야
이제 보니
돌부처 앞에서
내가 울고 있는 것을

산골풍경 1,166

편지 한 장이 날아온다
날아온 편지를 뜯어본다

그 속엔
구만 리 사연이 들어있고
사연을 뜯어보니
이별이 들어있네

산골풍경 1,167

산딸기 피고 지는
고갯길은
누님이 산나물 캐던 고갯길

칡잎 봉지 접어서
산딸기 가득 따와
주시던 누님

금년에도 산딸기
곱게 익었는데
누님은 병원에 계신다 하네

오늘은 내가 칡잎 봉지 접어서
산딸기 가득 따와
병원 문을 열고 있네

산골풍경 1,168

잔칫날일까
생일날일까
까치들이 우루루 몰려온다

무슨날인지는 모르지만
까치들이
나무 사이를 빙빙 돌며
춤을 추고
귓속이 쩡쩡 울리도록
노래를 부른다

지나가는 구름도 박수를 치고
불고 가는 바람도 향기를 뿌린다
무슨 영문인지도 모르고
나도 철부지 아이로 신명나 있다

산골풍경 1,169

살면서 만난 사람은
꿈속에서 만난 사람

꿈속에서 만난 사람은
살면서 만난 사람

흘러가는 인생은 하룻밤의 꿈
하룻밤의 꿈은 흘러가는 인생

길면서 짧은
한순간의 꿈인 것을

산골풍경 1,170

태양의 젖꼭지를 물고
천하는 살아 움직이고

바람의 젖꼭지를 물고
세상은 숨을 쉬고 있다

물의 젖꼭지를 물고
만물은 밥을 먹고 산다

이렇게
세상은 어린아이

젖꼭지를 떠나서는
살 수 없는 갓난아이

산골풍경 1,171

이 산골
옹달샘은 흘러흘러
한강이 되고

저 산골
옹달샘이 흘러흘러
낙동강이 된다

그 젖꼭지를 물고
튼실하게 살아가는 이 나라
이 나라에 살고 있는 나는
어디에 복이 들어있어서
이렇게 잘 살고 있는고

부모님이 물려주신 복 때문이지

산골풍경 1,172

오늘 하루
별탈없이 살았네는
잘 산 것이야

오늘 하루
행복하게 살았네는
멋지게 산 것이야

내일이 오면 당신은
잘 살 것인가
멋지게 살 것인가

산골풍경 1,173

사깃꾼에 속아보셨나요
속은 것을 바로 알 수 있지요

그런데

불만에 속아보셨나요
속고도 속은 줄을 모르는 것이
불만이지요

나는 왜 이리 무능해
노력 안한 불만에 속은 겁니다

내 팔자가 왜 이래
비교라는 불만에 속은 겁니다

사깃꾼에 속은 것은
순간의 기분을 망치지만
불만에 속은 것은
평생을 망칩니다

산골풍경 1,174

구름 종이에 적어 보낸
달나라 소인이 찍힌
바람 우체부의 속달편지
무슨 내용이려나 뜯어보니
아
깜짝
이게 정말인가
다시 보아도 분명하다
나에게 이런 날도 찾아오는가

달나라에서 공모한 우주문학상
대상 당선이래요
수많은 별들이 응모한 작품 중에서
대상
심장이 놀라 파도를 치고 있어요
바람들이 달려와
나를 태우고 날아가고 있네요
우째 나에게 이런 날이

산골풍경 1,175

원두막 앞에 내려와
풀을 뜯는 산토끼
동그란 두 눈을 들여다보고 있다

그 속에는
돈도 없고
물건도 없고
욕심도 없고
천사들만 뛰어놀고 있다

나 자신의 눈을 들여다보면 어떨까
아니 아니
아무 말도 하지를 말자

산골풍경 1,176

오늘의 계산서를 들여다본다
아무 보람 없이 흘러간 하루
어제는 그랬었지
내일은 보람 있는 하루를 살겠노라고
오늘도 그럴 테지
내일은 보람 있게 살겠노라고
또 그런
헛소리를 하고 있을 테지
이런 것이 인생인 걸

산골풍경 1,177

오늘은
낮도깨비가
이 원두막에 놀러와서
하모니카를 불고 있다

무슨 노래인지는 모르지만
신명나는 곡조에
내 어깨가 들썩인다

무서운 줄만 알았던 도깨비
이렇게 귀여울 줄이야
기막힌 인연 또 하나 만났네요

산골풍경 1,178

지도 속에는
수많은 고속도로가 있지요

마음속에도
수많은 고속도로가 있습니다

1번 고속도로
2번 고속도로
7번 고속도로
10번 고속도로
100번 고속도로
1000번 고속도로

당신은 어느 번호로 들어섰나요
지금 당신이 달려가고 있는 길이
당신의 운명길입니다

나는 지금
7번 고속도로로 들어와
산골풍경 세계를 달려가고 있습니다

산골풍경 1,179

초승달 때도 웃고 있더니
반달 때도 웃고 있고
반달 때도 웃고 있더니
보름달 때도 웃고 있는
저 달을 보며
불만으로 살기보다는
만족으로 사는 법을 배웁니다

피할 수 없는 운명 앞에서
울고 있다면 패배자요
웃고 있다면 승리자입니다

산골풍경 1,180

오늘은
음악을 한 바가지 퍼와
음악으로 밥을 짓습니다

길을 갑니다
음악이 소화가 되어
온몸에서 음악이 흘러나옵니다

모두가 쳐다보네요
음악이 걸어 다닌다고
세상 사람이 다
음악밥을 먹고 산다면
온 세상이 다 음악 세상일 텐데

산골풍경 1,181

하늘을 보면
별로 떠 있는 사람이 있습니다

구름을 보면
노을로 익어가는 사람이 있습니다

산을 보면
단풍으로 물드는 사람이 있습니다

꽃을 보면
나비로 날아오는 사람이 있습니다

거울을 보면
내 눈동자에 살고 있는 사람이 있습니다

산골풍경 1,182

돌연변이
줄무늬 생쥐에게
정이 들었네
깊이 깊이 들었네
발톱도 칠해 주고
금목걸이도 채워 주었네

닦아 주고
빗어 주고
뽀뽀도 하고

이러다가 병이 들면
나는 어떻해
병이 들어 못 고치면
나는 어떻해
우리 귀염둥이 줄무늬 생쥐야
저 세상 갈때엔
금으로 관을 만들어
멋지게 화려하게 보내주꾸마

산골풍경 1,183

가뭄 들고
메마른 초원이지만
비바람이 난리를 치고 가면
들판 가득 풍년이 온다

인생도 이런 것을

시련과 불행이 찾아와
난리를 치고 가면
인생 꽃이 곱게 핀다

산골풍경 1,184

그대여
지금 하고 있는 일이
귀찮으면 위험한 신호이고
괴로우면 중환자입니다

그러나 걱정 마셔요
신명이란 약이 있습니다

이 약을 먹으면
귀찮음이 변해서
즐거움이 되고
괴로움이 변해서
신명이 됩니다

산골풍경 1,185

사랑은
울고 있어도 아름답고
웃고 있어도 아름답다

사랑은
날 것으로 먹어도 맛있고
구워 먹어도 맛있다

사랑은
보이지 않아도 행복하고
머리칼만 보여도 행복하다

산골풍경 1,186

소리 없이 내리는 봄비가
치렁치렁 늘어진
버드나무 머리칼을 휘어잡고
주르르
미끄럼 타고 내리는 이 아침

소리없이 찾아온 추억도
치렁치렁 늘어진
사연을 휘어잡고
주르르
미끄럼을 타고 있다

아 나는 아직
보송보송한 봄총각
휘늘어진 버드나무 머리칼만 보아도
가슴은 물결이 친다

산골풍경 1,187

그리움 하나가
나폴나폴 산을 넘어오고 있다

누구의 그리움인가
저 분홍 그리움

이 산골 위에서
한참을 맴돌더니

하늘 높이 까맣게
날아가는 저 그리움

산골풍경 1,188

나의 파란 사연은
첩첩 높은 산으로 솟아 있고

나의 분홍 사연은
골골이 흩어져
야생화로 피어 있고

나의 하얀 사연은
저 하늘에
낮달로 떠 있네

산골풍경 1,189

어릴 적엔
벌레가 무서웠고
청년 적엔
호랑이가 무서웠는데
지금은
세뇌 당한 사람이 무섭다

사랑에 세뇌가 되면
여자를 죽이고
돈에 세뇌가 되면
아버지를 죽이고
사상에 세뇌가 되면
적폐를 청산한다

세뇌는 인간들의 암
암 환자가 더 많은 세상
서로를 죽이려고
이빨을 갈고 있는 무서움

산골풍경 1,190

연분홍 입술이
살고 있는 고갯길

떨리는 다리도 모르고
올라가다가 넘어져
일어서지 못하고
혼자 웃고 있는 웃음

나무 위에 솔방울들이
가여워일까
우스워일까
깔깔거리고 있다

산골풍경 1,191

내 시의 고향은
내 마음의 고향은
먼먼 옛날
더 먼 옛날
말을 만들어 내기 전
글자를 만들어 내기 전
순수세계
하얀세계
그 세계가 내 마음인데
그 세계가 내 시인데

말이 태어나고부터
내 마음은 일그러졌고
글자가 태어나고부터
내 시는 모양이 바뀌었다

이제는 어쩔 수 없네
살려면 어쩔 수 없네
파도 따라 배를 띄우고
바람 따라 날개를 저어야 하네

산골풍경 1,192

낸 몸에서 가장 먼
새끼발가락 하나가
상처를 입고
퉁퉁 부어 있다

이 크나큰 몸뚱이가
세수하러 가는 데도
기우뚱 뒤뚱
화장실 가는 데도
기우뚱 뒤뚱

이제야
먼곳도 가깝게 보이고
가까운 곳도 멀리 보이고
안 보이는 게 보이는 것이고
보이는 게 안 보이는 것이네

산골풍경 1,193

이 산에서
제일 크고 멋진 나무가
도벌꾼의 톱질에
쿵하고 쓰러진다

온 산에 나무들이
외치는 비명소리

종자 중에 제일 나쁜
깡패 종자 인간아

내 귀에는 들리는데
도벌꾼엔 안 들리는가
쓰러진 나무를 또 다시
톱을 들고 난도질을 하고 있다

산골풍경 1,194

치렁치렁 휘늘어진
보름달의 머리칼이
이 산골로 날아와
내 얼굴을 스치네

머리카락 향기에
녹아내리는 내 마음
내 감성은 아직도 왜
건드리면 터지는고

설레임을 이기지 못해
잠 못 드는 보름밤
가슴이 쿵쿵
물레방아를 찧는다

산골풍경 1,195

산새들도 시를 쓰네요

부엉새의 첫시집
출판기념회

온 산에 새들이 모여 와
축하를 하며
저마다의 목소리로
부엉새의 시 한 편씩을
낭송하고 있어요

산속에 경사가 났네
그런데
나만 무슨 뜻인지도 모르고
멍하니 바라보고만 있다

산골풍경 1,196

봄밤에 피는 꽃은
잔잔한 설레임입니다

여름밤에 피는 꽃은
활기찬 춤입니다

가을밤에 피는 꽃은
아득한 그리움입니다

겨울밤에 피는 꽃은
자궁 속 꿈입니다

산골풍경 1,197

무작정 걷다 보니
목적없이 걷다 보니

또 여기 와 있네
그날 그 자리에 와 있네

어제도 그랬는데
내일도 그럴라나

해마다 이맘 때면
왜 그러는지 몰라

내 마음 나도 모르니
그냥 이렇게 살란다

산골풍경 1,198

달빛이 너울너울
춤을 추는 밤

내 마음도 도망을 가서
춤을 추고 있네

떠도는 마음들도
이곳으로 모여 와
달빛자락 리듬 따라
춤을 추고 있네

익어 가는 춤
산골의 밤이
풍경을 한 장 두 장 넘기고 있다

산골풍경 1,199

우주의 거인이
이 하늘을 지나가다가
이 지구를 보고
이렇게 아름다운
보석이 있냐며
호주머니에 훔쳐 넣으려 한다

안돼요 안돼
지구를 훔쳐가면
당신은 우주의 도둑놈이야
그렇게 살지 마요
안돼요 안돼

앙탈하는 내 말에
고개를 끄덕이며 돌아가는 저 거인
아휴
없어질 뻔한 이 지구
어쩔 뻔했어

산골풍경 1,200

한 여자에게 목숨을 바치는 것
부모 은공에 일생을 바치는 것
그게 사랑이 아니야
그게 사랑이 아니야

내 몸에 목숨을 바치는 것
내 몸에 일생을 바치는 것
그게 사랑이야
그게 사랑이야

허파를 사랑하기에
담배를 끊고
간을 사랑하기에
술을 끊고
명예를 사랑하기에
불의를 끊고
행복을 사랑하기에
불만을 끊는 것
이게 사랑이야
이게 사랑이야

이 산골 숨소리는

달이 혼자 듣고 있고

달나라 숨소리는

나 홀로 듣고 있다